MANFRED HELLWEG

AF236369

. . . und plötzlich
hab` ich Leukämie !

Mit dieser Geschichte möchte ich allen mit Leukämie erkrankten Mut machen sich nicht ohne Gegenwehr ihrem Schicksal zu ergeben.

Verzweiflung und Aufgabe sind nicht die richtigen Begleiter auf diesem schweren Weg. Mit eisernem Willen und einer gehörigen Portion Wut im Bauch kann man diesem Problem leichter entgegentreten.

Um allen zu zeigen, wie ich mich gegen die Leukämie wehre, habe ich hier meine Geschichte aufgeschrieben.

MANFRED HELLWEG

. . . und plötzlich hab` ich Leukämie !

Meine Geschichte

Bibliografische Information
der Deutschen Nationalbibliothek:

Die Deutsche Nationalbibliothek verzeichnet diese Publikation in der Deutschen Nationalbibliografie; detaillierte
bibliografische Daten sind im Internet
über http://dnb.dnb.de abrufbar.

Herstellung und Verlag:
BoD – Books on Demand, Norderstedt

ISBN: 978-3-7528-5010-9

Wir haben das Jahr 2005.

Das Telefon klingelt. Guten Morgen, hier ist ihre Hausarzt-Praxis. Gut, dass Sie wieder aus dem Urlaub zurück sind. Wir hoffen, Sie haben sich wie immer gut erholt.

Erschrecken Sie nicht über diesen Anruf. Es ist nichts passiert, machen sie sich keine Sorgen. Kommen sie bitte morgen in die Praxis, wir haben für sie schon einen Termin beim Hämatologen im Elisabeth-Krankenhaus gemacht. Alles weitere besprechen wir morgen hier. Tschüss bis morgen.

Wir waren gerade einige Tage aus einem USA-Urlaub zurück in Deutschland, haben kaum richtig geschlafen und hatten mit dem Jetlag zu kämpfen.

Dieser Anruf machte mich und meine Frau hellwach. Unsere Erholung war wie weggeblasen. Wir konnten keinen normalen Gedanken mehr fassen.

Was war denn nur passiert? Ich sollte mir keine Sorgen machen! Aber gerade die mache ich mir im Augenblick! Was ist so wichtig, dass ich schon morgen im Elisabeth-Krankenhaus sein soll? Ich habe keine Schmerzen und fühle mich sauwohl. Tausend Gedanken rasten durch meinen Kopf. Ordnen konnte ich keinen.

Kurz vor Antritt des Urlaubs habe ich noch meinen vierteljährlichen Checkup gemacht mit großem Blutbild usw. Das war Routine da ich Diabetiker Typ 2 bin. Bei allen vorangegangenen Untersuchungen war meiner Ärztin nie etwas Besonderes aufgefallen, warum jetzt, so plötzlich?

Vollkommen unverständlich für mich. In der letzten Zeit habe ich nichts Falsches gemacht. Dieser Anruf brachte meinen Tagesablauf restlos durcheinander. Gerade wieder in Deutschland hatte ich mir für diesen Tag einiges vorgenommen und dann das.

Die Warterei bis zum nächsten Morgen machte mich fast verrückt. Normalerweise bin ich die Ruhe selbst und habe keine Probleme mit Stress, doch dieser Anruf gab mir den Rest.

Meine Frau war genauso von der Rolle. Sie schaute mich fragend an. Ich zuckte mit den Schultern, wusste doch auch nicht was ich antworten sollte.

Die Nacht war wie ein nicht-aufhören-wollender-Alptraum.

Noch nie waren wir so früh wach und konnten beide nicht verstehen, was meine Ärztin von mir wollte. Meine Frau hatte auch nicht schlafen können und immer und immer wieder den gleichen Traum. Sie versuchte mir ihren Traum zu erzählen, es klappte aber nicht.

"Glaube mir, es ist ein total zusammenhangloses Zeug", sagte sie. Meine Frau wusste nicht mehr genau, was sie geträumt hatte. Das konnte ich verstehen nach der Aufregung vom Vortag.

Wir versuchten noch in aller Ruhe zu frühstücken, aber der gestrige Anruf der Praxis machte uns beide verrückt. Unsere Gedanken schlugen Purzelbäume. Dann endlich machten wir uns auf den Weg, allerdings mit sehr schlechten Gefühlen.

Als wir die Praxis erreichten, wurde mir ganz flau im Magen. Im Fahrstuhl nahm mich meine Frau an die Hand und führte mich, kreidebleich im Gesicht, behutsam in die Praxisräume.

„Guten Morgen", hörte ich eine mir bekannte Stimme. Dieser Gruß und die Stimme holten mich aus meinen Gedanken zurück in die Wirklichkeit.

In unseren Gesichtern sah die Sprechstundenhilfe Panik, Ratlosigkeit, Angst und Verzweiflung gleichzeitig. Ich sah ihr an, dass sie das von mir nicht gewohnt war und sie es mit der Angst zu tun bekam.

Sie versuchte sofort uns mit folgenden Worten zu beruhigen: „Sehen sie das nicht so tragisch, aber es ist bei der letzten Blutuntersuchung ein Ergebnis aus der normalen Bahn geraten das uns Sorgen macht. Bei diesem Ergebnis ist es besser, wenn ein Hämatologe draufschaut. Daraufhin haben wir mit der Onkologie des Krankenhauses einen Termin gemacht, den sie heute noch wahrnehmen sollten.

Sie kennen doch das Elisabeth-Krankenhaus. Dort melden sie sich in der Hämatologie. Da ist ein tüchtiger Professor, der die entsprechende Untersuchung vornehmen wird. Ihr Termin ist um 11 Uhr. Wir drücken ihnen die Daumen.“

Damit waren wir erst einmal entlassen. Bis zum angegebenen Termin war noch reichlich Zeit, deshalb überlegten wir vorher noch einen Cappuccino zu trinken, und hofften uns damit ein wenig zu beruhigen.

In den letzten Wochen vor unserem Urlaub sind wir fast jeden Morgen in „unser" Café gegangen, um mit einem Cappuccino den Tag zu beginnen. Wir trafen oft Bekannte mit denen wir plauderten, schauten uns die vorbeigehenden Passanten an, ließen uns von der Sonne verwöhnen, und lebten in den Tag hinein. So hatten wir uns unseren wohlverdienten Ruhestand immer vorgestellt.

Bis zum Elisabeth-Krankenhaus waren es nur ca. 4 km. Auf der Fahrt dorthin konnten wir keinen klaren Gedanken fassen. Durch die Parkplatzsuche wurden wir abgelenkt und dadurch wieder ruhiger.

Aber kaum nach Betreten des Krankenhauses wurde mir abwechselnd heiß und kalt. Ich hatte auf einmal das Gefühl

Fieber zu bekommen. Noch nie habe ich eine Onkologie betreten und wusste darum gar nicht, wie ich mich verhalten sollte.

Aber, als ich dann den Raum betrat, fiel alle Anspannung von mir ab und ich wurde ruhiger und ruhiger. Meine Frau schaute mich ratlos an und wollte von mir wissen, ob es mir nicht gut ginge. Ich brachte keinen Ton heraus, setzte mich in eine Ecke und versank in einer Art „Starre".

Sie kennt mich sehr genau. Immer wenn ich machtlos einer Situation ausgesetzt bin, kommt die Stagnation. Ich würde das als Hilflosigkeit bezeichnen. Ich schaute mir das Wartezimmer genau an, dabei kam ich mir vor wie in einer Totenhalle. Vielleicht bildete ich mir das auch nur ein.

Von meiner Anmeldung bekam ich fast nichts mit, die Formalitäten erledigte meine Frau. Sie war genau so aufgeregt, doch in bestimmten Situationen kann sie besser reagieren als ich.

In einem Nebenraum saßen mehrere Personen an der Wand in einer Reihe. Sie hatten Infusionsschläuche in den Armen. Das konnte ich genau sehen, und dachte, das können die Chemo-Injektionen sein. Alle waren sehr blass und zeigten kaum eine Reaktion. Für mich sahen sie schon fast halb tot aus. Ich stellte mir vor, demnächst auch da zu sitzen und nicht mehr reagieren zu können.

Dann wurde ich plötzlich aus meiner Schock-Starre geholt. Eine Sekretärin kam auf mich zu, fragte mich: „Sie waren angemeldet?" Ich schaute sie mit großen Augen an, brachte kein Wort hervor, hörte nur noch: „Folgen sie mir bitte. Nehmen sie hier schon einmal Platz, der Professor kommt gleich."

Ohne meine Frau wäre ich der Aufforderung nicht nachgekommen. Sie führte mich in diesen Raum, den ich ohne sie nicht gefunden hätte.

Wie ich Krankenhäuser hasse! Schon in jungen Jahren musste ich oft ins Krankenhaus, allerdings um meinen Vater dort zu besuchen. Um seine Gesundheit war es nicht immer bestens bestellt. Er litt viel unter Magenbeschwerden und hatte neben Magengeschwüren auch Rückenprobleme. Das war die Folge seines Berufes. Er war Maurermeister und immer dem Wetter ausgesetzt. Kein Wunder, dass er so oft krank war.

Heute und hier überkam mich wieder das gleiche schlechte Gefühl wie früher. Ich musste mich zwingen, nicht daran zu denken, und es einfach beiseiteschieben. Es ging ja schließlich um mich. Ich ergab mich in mein Schicksal.

Erst kam eine Schwester zu mir und wollte von mir Blut haben. Bei der Blutabnahme wunderte ich mich, dass mir mehrere Röhrchen Blut abgenommen wurden. Das kannte ich zwar von meiner Ärztin, doch dort reichte immer eine Ampulle zur Blutbestimmung.

Hier wurden gleich mehrere Röhrchen mit meinem Blut benötigt. Auf meine Frage warum so viel Blut benötigt wird, wurde mir erklärt, es wird hier im Labor sofort untersucht und genau bestimmt. Nur auf diese Weise kann man sofort feststellen, wie ihre Werte wirklich sind.

Okay sagte ich mir, das wird schon seine Richtigkeit haben. Da ich mich aber immer noch in einem Dämmer-Zustand befand, achtete ich nicht weiter darauf. Ich hörte nur noch so nebenbei die Schwester sagen: „Das wird nicht lange dauern und wir wissen Genaueres. Haben sie ein bisschen Geduld."

Da saßen wir nun und warteten was geschehen würde. Ein ca. 4x6 m großer Untersuchungsraum, bestückt mit einem Schreibtisch, einer Liege, einigen

Stühlen und kahlen weißen Wänden. In der Ecke ein Regal. Richtig einladend, wenn man schon nicht weiß, was mit einem los ist!

Wie lange es dauerte, bis endlich jemand hereinkam, kann ich nicht sagen. Die ganze Situation war so angespannt, dass mir mein Zeitgefühl total abhandengekommen war. Und doch ging ein Ruck durch uns, als der Professor hereinschwebte und wir in ein freundliches, positives Gesicht sahen. Der Professor strahlte einfach Vertrauen aus.

Vom ersten Augenblick an war er mir sympathisch. Dieses Gefühl habe ich eigentlich nur bei ganz wenigen Menschen. Ich spürte wie ich innerlich immer ruhiger wurde. Andererseits war ich natürlich bis zum Äußersten gespannt, was er mir zu meiner Untersuchung sagen konnte.

Mit geübtem Blick vertiefte er sich in meine Untersuchungsergebnisse. Für mich sah es nicht so aus, als würde er nur so darüber schauen, wie ich das schon von anderen Ärzten erlebt habe. Nein, sein intensiver Blick machte mich aufmerksam.

Was hatte er entdeckt? War dort etwas nicht so, wie er es erwartet hatte? Er saß mir direkt gegenüber und ich versuchte in seinem Gesicht zu lesen. Anscheinend war ich blind, denn ich konnte keine Regung erkennen. Er hatte sich wohl sehr im Griff, oder ich war von meiner Hoffnung wie vernebelt.

Überrascht war ich dann doch, als er sich plötzlich mir zuwandte und mich untersuchen wollte. Ich dachte, was kommt jetzt auf mich zu. Er aber tastete mit seinen Fingern meinen Hals und meinen Oberkörper ab, ob meine Lymphknoten sich verändert haben.

Auf meine Frage, was er denn suche, antwortete er: „Ich will sehen, ob sie geschwollene Lymphknoten haben."

Das Abtasten ging aber schnell und ich dachte, er kann doch gar nichts entdeckt haben. Dann nahm er den Bericht zur Hand und meinte, die Leukozyten sind z. Z. nicht besorgniserregend hoch und an meinen Lymphen könne er keine Verdickungen feststellen.

Als er mir dann noch meine Blutuntersuchung erklärte, war ich einigermaßen beruhigt, aber auch überrascht. Bei der Untersuchung dort, in seinem Labor, hatten sich meine Leukozyten anscheinend irgendwie versteckt. Ihre Anzahl war nicht mehr so hoch wie bei meiner Ärztin.

Das wiederrum überraschte mich doch sehr. Auf meine Frage wie das passieren kann, sprach er von unterschiedlichen Untersuchungsmethoden.

Verstanden habe ich das nicht. Ich dachte immer, die Untersuchungen sind einheitlich geregelt und die Ergebnisse dadurch gleich.

In schaute meine Frau an und in ihrem Gesicht sah ich, sie hatte auch nicht alles verstanden. Während unseres Gesprächs erfuhren wir einiges über seinen bisherigen Wirkungskreis. Er hatte lange Zeit in einer Uniklinik mit genau diesen Blutkrebs-Patienten zu tun. Von dort hatte er sich Fragebogen mitgebracht und stellte mir jetzt viele dieser Fragen.

Seine Fragen bezogen sich auf meine berufliche Tätigkeit, meinen Lebenslauf, meine sportlichen Aktivitäten. Natürlich auch, ob ich in der ganzen Zeit mit Chemikalien oder sogar Benzol in Berührung gekommen war. Er wollte alles so genau wissen wie nur eben möglich, um sich ein präzises Bild meiner Krankheit zu machen.

Ich war noch von der Untersuchung mitgenommen, hatte das noch gar nicht richtig verdaut, sollte mich aber an Dinge erinnern, die viele Jahre zurück lagen. Das war nicht einfach.

Einige Jahre Ruhestand habe ich bisher schon genießen können. Dabei habe ich außer Schlafapnoe und Diabetes keine andere Krankheit, und jetzt das hier.

Seine Fragen wollten kein Ende nehmen und als vorläufiges Ergebnis stellte er folgende Prognose: So wie es jetzt aussieht, habe ich Blutkrebs (Leukämie)! Die weiteren Untersuchungen würden dann zu einem genaueren Ergebnis führen.

Dazu brauchte er aber von mir eine Knochenmarksentnahme. Diese Entnahme wird dann zur weiteren Prüfung an die Universitätsklinik Dortmund geschickt. Nur anhand des Ergebnisses könne er genau bestimmen, ob seine Vermutung richtig sei.

Wir verabredeten uns zu einem nächsten Termin. Dabei wollte er mir aus meinem Rücken mit einer speziellen, etwas dickeren Hohlnadel ein etwa zwei cm langes Stück meines Knochenmarks entnehmen. Diese kleine, wurmartige Masse würde zur sofortigen und genauen Bestimmung meiner Krankheit ausreichen.

Anschließend sollte diese Knochenmarkentnahme an die Uniklinik Dortmund zur mikroskopischen Untersuchung geschickt werden. In drei Tagen würden wir uns wiedersehen.

Wir verließen die Onkologie mit noch gemischteren Gefühlen als vorher. Seine Ankündigung, es könne Blutkrebs sein, haute uns beide fast um. Das Damoklesschwert „Krebs" schwebte nun auch über mir.

Dieser verdammte Krebs! Jetzt hatte er mich erwischt! Ich wollte es aber noch nicht so richtig glauben.

Wortlos verließen wir das Krankenhaus, schauten uns an und jeder sah bedröppelt aus. Einige Tränen liefen uns über die Wangen.

Was sollten wir jetzt machen? Es war schon schlimm genug. Überall verbreitete sich der gehasste „Krebs". Doch es half alles nichts, erst einmal mussten wir mit der Aussage des Professors leben.

Draußen, an der frischen Luft, kamen unsere Lebensgeister wieder. Wie aus einem Mund sagten wir: „Davon lassen wir uns nicht unterkriegen! Wir haben schon ganz andere Situationen gemeistert! In drei Tagen werden wir mehr wissen."

Nicht gerade begeistert gingen wir zu unserem Auto, immer die Schreckensnachricht in unseren Gedanken. Drei Tage, das war jetzt erst einmal das Zeitlimit, das sie uns gesetzt haben. Unterkriegen lassen wollten wir uns schon gar nicht.

Wir beide sind eine Einheit, da passt kein Blatt Papier dazwischen. Deshalb traf es uns beide so schlimm.

Normalerweise würden wir uns jetzt zusammensetzen um bei einem eisgekühlten Glas Sekt diese verdammte Situation zu besprechen. Doch in diesem speziellen Fall hatten wir dazu absolut keine Lust. Schon der Gedanke, es könne „Krebs" sein, brachte uns restlos aus dem Konzept.

Der heutige Tag war total aus dem Ruder gelaufen. Schweigen war angesagt. Irgendwann am Abend gingen wir schlafen, in der Hoffnung, am nächsten Morgen mit einem einigermaßen klaren Kopf wieder bei der Sache zu sein.

So war es dann auch. Seit einiger Zeit haben wir Zugang zum Internet. Das war in diesem Fall die Lösung, dachten wir. „Mister Google" sollte in den folgenden Tagen unser Schlaumacher werden.

Ich hatte absolut keine Ahnung, aber bei „Mr. Google", dachte ich, würden wir bestimmt Genaueres erfahren.

Noch nie hatten wir uns im Internet über etwas informiert. Jetzt aber, in diesem speziellen Fall, wollten wir es genau wissen. In den nächsten Tagen und teilweise auch Nächten, durchforsteten wir das Internet nach allem, was wir über die Krankheit „Leukämie" finden konnten.

Wir hatten zu diesem Zeitpunkt überhaupt keine Ahnung wie wir mit dem Internet umgehen sollten. Immer wieder landeten wir auf Seiten, die uns nicht weiterbrachten. Mit zunehmender Suche aber hatten wir das Gefühl, doch auf der richtigen Spur zu sein. Unglaublich, was wir erfuhren und was es für Krebsarten gibt.

Wir wussten nicht einmal, was ich genau habe und sind durch die Fülle der Informationen restlos überfordert gewesen. Das war so schlimm, dass ich nicht mehr richtig denken, richtig schlafen, ja zeitweise nicht mehr richtig atmen konnte.

Der Tag der entscheidenden Untersuchung rückte immer näher und näher. Ich wusste nicht mehr ob ich noch normal war.

Dann endlich fuhren wir wieder in die Onkologie ins Krankenhaus. Meine Frau ahnte schon was auf mich zukam. Sie sah mich nur an und wusste, ich durchschreite jetzt wieder einen Tunnel, aus dem ich nicht weiß wie ich da wieder herauskomme.

Je mehr wir uns dem Krankenhaus näherten, desto kribbeliger wurde ich. Schon die Parkplatzsuche brachte mich aus dem Konzept. Immer wieder versuchte meine Frau mich zu beruhigen, obwohl ich fest und steif behauptete, nicht nervös zu sein.

Kaum waren wir ausgestiegen, fühlte ich ihre Hand in meiner. Dabei schaute ich sie hilflos an und konnte anscheinend nicht begreifen, was sie mit mir vorhatte.

In unserer gesamten Ehe habe ich noch nie eine solche Vorsichtsmaßnahme erlebt wie diese jetzt. Begriffen habe ich nicht, was sie mir damit andeuten wollte. Mit „totaler Vernebelung" würde ich meinen Zustand beschreiben.

Immer habe ich geglaubt, Herr meiner Sinne zu sein, doch hier ging ich wie ein kleines Hündchen neben ihr her, als wollte sie mich zur Schlachtbank führen. Erst als wir die Onkologie betraten merkte ich, dass ich wieder in der Wirklichkeit war.

Die Räume kamen mir bekannt vor. Im gleichen Raum, wie beim letzten Besuch, lagen wieder die Patienten in den Betten an der Wand, und bekamen ihre Infusionen.

Angemeldet habe ich mich nicht. Ohne Regung setzte ich mich einfach neben das dort stehende Aquarium, und beobachtete mit teilnahmslosem Blick die Fische.

Meine Frau ließ mich in Ruhe dort sitzen, meldete mich inzwischen an, und wir warteten auf die Dinge die auf uns zukamen.

Kaum zu glauben, aber pünktlich wie die Maurer wurde ich aufgerufen mit der Aufforderung: „Der Herr Professor erwartet sie jetzt." Mitbekommen habe ich auch das nicht so richtig, denn ich befand mich immer noch in einer Art Trance.

Und dann kam „ER", begrüßte mich recht freundlich, aber ich merkte, dass der Professor es eilig hatte. Dann sollte ich mich auf die Pritsche legen damit er aus meinem Knochenmark einen 2 cm langen „Wurm" entnehmen konnte. Schon brach mir der Schweiß aus.

Kaum hatte ich mich bäuchlings auf die Pritsche gelegt, spürte ich seine kalten Hände mit einem kurzen Druck im Rücken, genau da, wo der Professor wohl die Entnahme machen wollte.

Ich hörte nur noch: „Das geht aber sehr einfach." Weiter hörte ich noch: „Sie haben doch keine Schmerzen?"

Ich wartete immer noch auf das Finale der Schmerzen, hörte leise Geräusche, die ich nicht einordnen konnte. Dann ein tiefes Einatmen und die ruhige Stimme des Professors: „Eines kann ich ihnen sagen, Osteoporose haben sie nicht."

Das war`s dann. Ich konnte nicht glauben, was passiert war. Das war die ganze Untersuchung? War wohl ein Scherz? Nein, der Professor war zufrieden.

Ich konnte leider nicht sehen, was er mir da aus dem Knochen gezogen hatte. Es ging alles so schnell. Schon hatte er meinen „Wurm" in einen speziellen Behälter gepackt, und ihn schließlich steril verschlossen.

Ich hörte ihn sagen: „So, das war`s für heute, mehr können wir im Augenblick nicht tun. Ich schicke es sofort zur Uniklinik, da wird es in hauchdünne Scheiben geschnitten. Diese werden anschließend unter dem Mikroskop genauestens untersucht. Danach wissen wir genau welche Art von Leukämie sie haben. Das wird aber einige Tage dauern."

Mit meinem „Wurm" verließ er den Raum. Ich dachte natürlich, das war es dann. Aber dem war nicht so. Er ließ mich eine Weile warten, kam dann doch wieder herein und fing an mir nochmal Fragen zu stellen: „Welche berufliche Tätigkeit haben sie ausgeübt? Haben sie mit Chemikalien gearbeitet?" usw. usw. Ich wusste gar nicht, was er von mir wollte.

Einige dieser Fragen hatte ich ihm doch schon beantwortet. Was hatte das mit meiner Erkrankung zu tun?

Ratlosigkeit stand in meinem Gesicht, meine Mundwinkel zuckten vor Anspannung und meine Augen flackerten. Sofort änderte er seine Befragung und versuchte mich zu beruhigen. Er erklärte mir mit ruhiger Stimme, dass Aufregung vollkommen unnötig sei.

Einige Formulare lagen vor ihm in denen er blätterte. Dann las er mir vor, dass es seine Pflicht sei, bei solch einer Diagnose sofort die für mich zuständige Berufsgenossenschaft zu benachrichtigen. Auf Grund der Gesetze wäre es nicht auszuschließen, dass ich eventuell eine Berufsunfallrente zu erwarten hätte.

Solche Fälle hatte er schon in seiner vorherigen Tätigkeit mehrmals und diese immer zur Meldung gebracht. Ich brauchte mich nicht darum kümmern, denn das sei seine Pflicht. Alles Weitere würde schon von der Versicherung geregelt werden.

Als letzten Hinweis gab er uns noch mit auf den Weg, dass mein Immunsystem nicht das Beste sei und ich mich unbedingt vor Erkältungskrankheiten jedweder Art schützen solle.

Danach verabschiedete er sich und ließ uns mit den heutigen Geschehnissen allein. Auf meine Frage, wie lange es dauerte, bis ein Ergebnis vorliegt, bekam ich zur Antwort: „Das kann man nie genau sagen. Aber bei dieser Untersuchung in der Uniklinik wissen sie genau, dass es eilig ist und ziehen sie vor. Wir werden sie dann schnellstens informieren."

Schlauer geworden sind wir dadurch nicht. Meine Gedanken rasten nur so durch meinen Kopf. Ich wusste nicht was ich zuerst denken sollte. Ein heilloses Durcheinander wie auf einem Jahrmarkt.

Die folgenden Tage waren die Schlimmsten! Mit niemandem konnte und wollte ich mich darüber unterhalten. Was gehen die anderen meine

Probleme an! Einigeln aber wollte ich mich auch nicht.

Bei dem Wust an Gedanken, fiel mir eine Fernseh-Doku über Tiere ein, über eine besondere Affenart. Es wurde berichtet, dass es in dieser Gruppe wiederholt vorkam, dass sie von einer Art Krebs befallen werden.

Da sie aber auf einer Insel leben, diese nicht verlassen können, und sich nur von den auf der Insel lebenden Früchten und Pflanzen ernähren, der Krebs keine Möglichkeit zur Entfaltung hat, dadurch aber auch nicht zum Ausbruch kommt.

Auf diese Insel wollte ich sofort, wenn der Krebs bei mir ausbricht. Einerseits wusste ich, dass es totaler Blödsinn ist dort hinzuziehen, andererseits bildete ich mir ein, es könne vielleicht doch helfen. Ich war schon fast so weit, nach jedem sich mir bietenden Strohhalm zu greifen, bevor ich mich aufgebe.

In dem Augenblick habe ich mir geschworen: „Sollte ich wirklich „Krebs" haben, werde ich mit allen mir zur Verfügung stehenden Mitteln dagegen angehen und ihm den Garaus machen.

„MICH KRIEGT DER NICHT !!!"

Mit diesem mir selbst gegebenen Versprechen wollte ich, ohne „Wenn und Aber", dem Ergebnis der Uni-Klinik Paroli bieten.

Das war aber gar nicht so einfach wie gedacht. Es sollte länger dauern. Weil ich einige Zeit (gefühlte Wochen) nichts vom Professor oder meiner Ärztin hörte, versuchte ich mich weiter im Internet schlau zu machen.

Nur, wo sollte ich anfangen? So genau kannte ich mich zu der Zeit mit dem Internet nicht aus.

Es waren für mich „Böhmische Dörfer". Das Internet hatte ich noch immer nicht begriffen. Welche „Website" sollte ich aufrufen? Wo würde ich relevante Informationen über Leukämie finden? Nicht so einfach.

Nach und nach fand ich mich immer besser zurecht. Mit der Zeit hatte ich zahlreiche „Websites" aufgerufen, auf denen ich mehr und mehr über Leukämie erfahren habe. Ich war mir aber gar nicht sicher, ob das auch die richtigen Seiten waren.

Es blieb mir nichts anderes übrig, als zu warten, bis mir das Ergebnis von der Uni-Klinik vorliegt. Diese Wartezeit raubte mir fast meinen Verstand!

Meine Ärztin konnte mir auch nicht weiterhelfen. Überall, wo ich auch war, verfolgten mich diese Gedanken. Sogar des Nachts ließen sie mich nicht in Ruhe. Schweißgebadet wachte ich oft auf und verfluchte diese Albträume, denn an ein Weiterschlafen war nicht mehr zu denken.

Dabei beschäftigte mich auch sehr die Frage des Professors nach meiner beruflichen Tätigkeit. Genau auf diese Fragen wollte ich mich jetzt verstärkt konzentrieren.

Ich erinnerte mich an seine hauptsächlichen Fragen, ob ich mit schädlichen Chemikalien während meiner Arbeit in Berührung kam. Als Betriebsleiter hatte ich Einblick in sämtliche Unterlagen des Betriebes und hatte in letzter Zeit von allen Geschehnissen Sicherheitskopien auf externen Speichermedien gemacht, die mir natürlich noch vorlagen.

Vierundzwanzig Stunden, rund um die Uhr, stand ich damals für den Betrieb auf Abruf bereit. Das half mir jetzt, denn ich konnte auf die meisten Unterlagen zugreifen.

So war es mir möglich, an Hand der damals benötigten Chemikalien festzustellen, ob und in welcher Weise auch immer, Zusammensetzungen der Chemikalien eine mögliche Ursache für meine Erkrankung waren.

Ich wollte mehr über Leukämie erfahren. Besonders interessierte mich, mit welchen Nebenwirkungen ich rechnen muss. Was waren die Ursachen für diese Erkrankung?

Konnte man wirklich davon ausgehen, wenn bestimmte Chemikalien wie Nitro-Lacke oder Benzol im Spiel waren, dass dann automatisch eine Leukämie die Folge war? War wirklich etwas wahr an dieser Theorie?

Die meisten Berichte im Internet waren nicht 100%ig genau. Es brachte mich noch mehr durcheinander. Jedes Mal, wenn ich einen neuen Bericht gelesen habe, träumte ich die folgende Nacht wirres Zeug und wachte meistens schweißgebadet am Morgen auf. Ich wollte das eigentlich nicht, andererseits aber, wo sollte ich mich informieren, wenn nicht online?

Immer und immer wieder schwor ich mir, mit dieser Sucherei aufzuhören, es gelang mir aber nicht. Die Angst, vergiftet vom „Krebs" zu sein, machte mich rasend vor Wut.

Wie lange soll ich eigentlich noch warten, bis endlich ein Ergebnis vorliegt? In der Onkologie anzurufen habe ich aufgegeben.

Jedes Mal bekam ich die gleiche Antwort: „Es tut uns leid, aber wir warten genauso auf das Ergebnis wie sie."

Endlich, nach genau drei Wochen, für mich waren es gefühlte 3 Monate, bekam ich den „ersehnten" Anruf aus der Onkologie. Ich sollte mich am nächsten Tag zur Besprechung beim Professor melden.

Das Ergebnis liegt vor. Dazu hat der Professor noch einige Fragen und untersucht werden sollte ich auch noch einmal.

Wieder musste ich in die so ungeliebte Onkologie. Mich beschlich ein seltsames Gefühl. Wie bei den letzten Untersuchungen drehte sich mein Magen fast um. Es wurde mir schlecht, doch ich konnte mich beherrschen, so dass es niemand bemerkte.

Auf dem Flur machte mich meine Frau auf einen älteren Herrn aufmerksam, der uns weitläufig bekannt war. Mir wurde übel vor Angst als ich ihn hier sah. Meine Frau musste mich beruhigen und in den Arm nehmen. Mir war plötzlich heiß und kalt im Wechsel.

Ich war erstaunt, denn ihn habe ich hier nicht erwartet, mich schauderte bei dem Anblick. Er war weiß wie die Wand und hing am Tropf. Jetzt hat es auch ihn erwischt! (Einige Wochen später las ich seine Todesanzeige.)

Die Aufforderung der Schwester riss mich aus all meinen Gedanken. Kreidebleich gingen wir beide in das Untersu-

chungszimmer des Professors und warteten auf die nicht so frohe Botschaft,
oder sollte sie sogar gut sein?

Dann kam er mit einer kleinen Akte unter dem Arm herein und breitete sie auf
seinem Schreibtisch aus. Ich versuchte
einen Blick auf die Akte zu werfen, er
aber hielt sie so vor sich, dass es mir
nicht gelang. Ich hätte mich dermaßen
verbiegen müssen und das wäre ihm
sicherlich sofort aufgefallen. Leider gelang mir das nicht. Nach kurzer Begrü-
ßung kam er zur Sache.

„Ihr Ergebnis liegt vor. Es steht eindeutig fest, sie haben CLL", war seine kurze
und knappe Antwort. „Das heißt, sie haben Leukämie. Die bei ihnen aufgetrete-
ne CLL ist die leichteste Form von Blutkrebs. Diese CLL tritt meistens in einem
Alter von über 40 Jahren auf.

Ich werde ihnen das genau erklären.
Gleich werde ich sie nochmals kurz untersuchen, und dabei fühlen, ob ihre

Lymphen sich verändert haben. Wenn das nicht der Fall ist, könnten sie mit ihren jetzigen Leukozyten-Werten ein ganz normales Lebensalter erreichen. Ich habe einen Patienten, der lebt schon seit 10 Jahren mit einem durchschnittlichen Wert von ca. 40.000 und kommt damit gut zu Recht."

In mir keimte plötzlich wieder Hoffnung und meine Gemütslage verbesserte sich. Woher das kam, weiß ich nicht, aber ein leichtes Glücksgefühl machte sich bemerkbar.

Nachdem er mich dann auch noch untersucht hatte und anscheinend mit mir zufrieden war bemerkte ich, dass sich auch meine Frau langsam aber sicher entspannte. Sie hatte in der schwierigen Zeit genauso unter dem Druck gelitten, wie ich.

Einige Fragen brannten mir aber noch auf der Seele, die ich jetzt unbedingt noch stellen musste: „Wo kommt die

CLL her, was bedeutet das genau, was kann ich oder was muss ich dagegen tun? Soll ich meine Lebensweise umstellen? Wie kann ich dagegen angehen?"

Die Fragen sprudelten nur so aus mir heraus, so dass der Professor mich mit den Worten unterbrach: „Langsam, langsam, ich will ihnen das jetzt genau erklären."

Wir saßen beide wie versteinert da und doch hochaufmerksam. „Also, CLL heißt Chronisch-Lymphatische-Leukämie. Sie haben eine CLL bei der man nichts machen kann. Keine Medikamente, keine Chemo. Wenn ihre Werte immer in diesem Bereich bleiben, wäre es fatal mit einer Medikation anzufangen. Das wäre tödlich.

Sollten ihre Werte einmal plötzlich hoch schießen bis ca. 80.000 und darüber, erst dann müsste man mit einer Chemo gegensteuern. Das wollen wir aber nicht hoffen. Sie müssen nur vorsichtig sein, ihr Immunsystem ist nicht in Ordnung. Nach Möglichkeit jede Erkältung vermeiden. Auch nicht in Gegenden reisen, in denen die hygienischen Zustände nicht ok sind, wie z.B. Asien, Südamerika, Afrika usw."

Mit dieser Erklärung machte er uns wieder Hoffnung. Noch war er aber nicht fertig. „Auf eine besondere Ernährung brauchen sie nicht achten, das hat nichts mit der CLL zu tun. Genau wissen wir noch nicht, welches die Ursachen für diese Erkrankung sind, aber die Wissenschaft ist sich einig, dass ein bestimmter Umgang mit einigen schädlichen Chemikalien, unter anderem Benzol, die CLL hervorrufen kann.

Deshalb ist es sehr wichtig, mir von ihrer früheren Tätigkeit alles zu berichten. Mit welchen Materialien sie im Laufe ihrer Arbeit zunehmend in Berührung gekommen sind? Das benötige ich, um mir ein Bild zu machen, wieso sie CLL bekommen haben."

Daraufhin erzählte ich ihm, soweit ich mich erinnern kann, von den Farben, Lösungsmitteln, Chemikalien und Reinigungsmitteln mit denen wir im Grafischen Gewerbe täglich Umgang hatten.

Das hörte er sich sehr aufmerksam an, machte sich Notizen, und bat uns um eine kleine Pause. Nachdem der Professor dann den Raum verlassen hatte, schauten wir uns erstaunt an, nicht wissend, was uns demnächst erwarten würde.

Die Tür ging auf, der Professor kam herein mit den Worten: „Ich denke, jetzt weiß ich was die Ursache für ihre Erkrankung ist. Es ist typisch für das Grafische Gewerbe. Seit einiger Zeit werden gleiche Krankheitsfälle genau untersucht und soweit ich im Bilde bin, führt ihre CLL zu einer anerkannten Berufskrankheit."

Wir sahen den Professor an, nichtwissend was er uns damit sagen wollte.

Dann fuhr er mit seinen Ausführungen weiter fort: „Ich bin verpflichtet ihren Fall sofort der zuständigen Berufsgenossenschaft zu melden. Die wird sich dann bei ihnen melden. Wie es weiter geht, bleibt abzuwarten."

Damit war unsere heutige Unterredung mit ihm beendet. Die nächste vierteljährliche Blutuntersuchung stand sowieso an. Das Untersuchungsergebnis muss ich abwarten.

Der Professor will meiner Hausärztin die heutige Diagnose zuschicken. Andererseits soll sie ihm automatisch meine neuen Untersuchungsergebnisse zusenden. Dann muss man sehen wie es weiter geht.

Nach dieser längeren Unterredung verabschiedete er uns mit den Worten: „Zum Glück haben sie keine akute Leukämie und brauchen deshalb auch keine Knochenmark-Transplantation. Machen sie sich keine großen Sorgen".

Mit einer Chronisch-Lymphatischen-Leukämie können sie ein normales Leben führen."

So schrecklich es für mich war, die Onkologie zu betreten, so glücklich war ich jetzt, als ich sie mit meiner Frau verlassen konnte.

Die Freude konnte mir wohl jeder ansehen. Als ich meine Frau ansah, glitzerten Tränen der Erleichterung in ihren Augen. In dem Augenblick, als wir die Klinik verließen, frische Luft spürten, konnte ich nicht mehr an mich halten. Ich musste ganz tief ein- und ausatmen, dass meine Frau schon Angst hatte ich kippe um.

Sie hörte mich nur noch sagen:

„Ich kann leben!"

Dann liefen mir die Tränen übers ganze Gesicht. Ich ließ ihnen freien Lauf. Wen sollte das schon stören? Eine so große

Erleichterung habe ich in meinem ganzen Leben noch nicht gespürt.

Ich nahm meine Frau in den Arm und wusste, dass sie genau dasselbe spürte. Wir waren glücklich bis über beide Ohren.

Das waren die ersten Schritte in ein „Leben mit Krebs". Die Ohnmacht, die mich in den letzten Wochen gefangen hielt, kann nur jemand nachvollziehen oder begreifen, der Ähnliches erlebt hat. Beide standen wir vor der Klinik und wussten nicht, was wir als erstes machen sollten.

Fahren wir jetzt sofort in unsere Wohnung, oder schreien wir unsere Erleichterung einfach laut heraus?

Unsere Füße machten sich selbstständig. Sie kannten anscheinend den Weg zu unserem Auto. Wir merkten, wie es jemandem ergehen muss, der vor Erleichterung wie auf Wolken schwebt.

Als wir das Auto erreichten, waren wir plötzlich wieder wir selbst. Anscheinend waren wir in der Wirklichkeit angekommen. Vor lauter Begeisterung wollte ich auf der Heimfahrt immer die Hupe betätigen, doch meine Frau hatte Mühe mich davon abzuhalten.

Zwischendurch schaffte ich es doch, machte mir aber klar, dass es sicherlich strafrechtliche Folgen haben könnte, wenn sie mich erwischen. Mir war das in diesem Fall völlig egal, zumal mein Sohn bei der Polizei ist.

(Vielleicht hätte er mich ja rausgeboxt, falls was gekommen wäre.)

Beflügelt durch das Glücksgefühl, könnte ich versuchen, mich aus der Affäre zu ziehen? War natürlich total blöd, aber irgendetwas musste ich tun.

Für diesen neuen Lebensabschnitt besorgten wir uns eine gute Flasche Sekt und feierten dieses Ergebnis.

Es war besser als wir erwartet hatten. Es hätte auch genau das Gegenteil sein können.

Im Traum habe ich mich schon mit meinem Bruder in die Haare gekriegt, denn er wollte absolut nicht, dass ich ihn als meinen Retter benenne. Eine Stammzellentransplantation geisterte in meinem Gehirn herum. Er wäre der geeignete Spender gewesen, dachte ich. In Wirklichkeit weiß ich es nicht. Wir haben in den zurückliegenden Wochen nie darüber gesprochen.

Jetzt aber, als ich darüber nachdachte, wusste ich, er würde mir eine Spende verweigern. In den letzten Jahren haben wir keinen Kontakt mehr. Weiß der Deibel warum? Er war jetzt 56, ich 64 Jahre alt.

Deshalb glaube ich, wenn es hart auf hart gehen würde, hätte er eine Menge Ausreden um mir eine Knochenmark-Spende zu verweigern.

Zum Glück brauche ich ihn auch nicht!

Schmerzlich ist es aber trotzdem. Wenn einem niemand mehr helfen kann, denkt man doch zuerst an die eigene Familie. Dazu gehört ja schließlich auch mein Bruder.

Im umgekehrten Fall würde ich ihm sofort helfen. Dazu ist mir diese Sache viel zu sehr an die Nieren gegangen. Jetzt sieht es allerdings so aus, als wenn ich mit meiner Krankheit niemandem mehr helfen kann.

Diese Erkrankung musste ich erst einmal mit meiner Frau und meinen Kindern verarbeiten. Das brauchte einige Zeit. Im ersten Hochgefühl, nach Verlassen der Onkologie, als ich wieder zu mir selbst fand, habe ich sofort beide Söhne informiert.

An ihrer Stimme merkte ich wie betroffen sie waren. Nachdem ich ihnen aber erzählte, was ich beim Verlassen der

Klinik ihrer Mutter sagte, waren beide voll bei mir. Sie kannten ihren Vater genau, wussten in diesem Augenblick, der packt das schon.

Wenn man sich in der Familie auf jeden total verlassen kann und in schwierigen Situationen auch verstanden wird, gibt es nichts Schöneres.

Es ändert aber nichts daran, dass ich ab jetzt mit CLL leben muss. Wenn ich nach außen auch ruhig war, im Innern hatte ich mit schlimmen Ängsten zu tun.

Immer wieder kam mir der Gedanke, was wäre, wenn ich nicht die CLL bekommen hätte, sondern eine der anderen Arten von Leukämie? Es gibt doch so einige wie AML = akute myeloische Leukämie, oder ALL = akute lymphatische Leukämie, und CML = chronische myeloische Leukämie.

CLL, die chronisch lymphatische Leukämie, wird zu den bösartigen Erkrankungen des lymphatischen Systems (Lymphome) gezählt, da sich die krankhaft veränderten Lymphome sowohl im lymphatischen Gewebe (wie etwa Lymphknoten) als auch im Blut anreichern.

Mit der Zeit las ich immer mehr über die CLL. Ich musste mich ja mit ihr vertraut machen. „Mr. Google" hatte für mich immer und zu jeder Zeit alle Unterlagen, Berichte usw. zur Hand. Jetzt wurde es zur Pflicht in der Lektüre zu stöbern.

Ich wollte mich nicht so einfach damit abfinden und hatte noch Hoffnung irgendwo eine neue Behandlungsmethode zu entdecken, die mir dabei helfen kann, die CLL zu besiegen. Diesen Traum konnte ich schneller begraben als mir lieb war!

Wieder stand meine nächste Blutuntersuchung an. Natürlich hoffte und bangte ich, dass die Anzahl meiner Leukozyten nicht gestiegen war. Vorher hat mich ein Brief der Berufsgenossenschaft überrascht, indem man mir ankündigte jemanden vorbei zu schicken, der mit mir einen Gesprächstermin ausmachen sollte für eine Befragung.

Zum jetzigen Zeitpunkt ging es mir nicht gerade gut. Die Diagnose meiner nicht vorhersehbaren Leukämie-Erkrankung machte mir doch mehr zu schaffen, als ich zugeben wollte. Mein sprichwörtlicher Tatendrang hatte mich verlassen.

Ich hatte manchmal keine Lust überhaupt noch etwas zu unternehmen. Zwingen musste ich mich, wenn meine Frau mit mir verreisen, oder nur spazieren gehen wollte.

Seit einigen Jahren fuhren wir meistens einmal im Monat in unser Nachbarland Holland. Freitags und samstags gibt es in Arnheim einen wunderschönen Wochenmarkt, den wir schon seit ca. 40 Jahren besuchen.

Sogar dieser Besuch interessierte mich nicht mehr. Am liebsten hätte ich mich in eine Ecke verzogen und alles ausgeblendet.

Meiner Frau gefiel das gar nicht. Sie war die treibende Kraft und holte mich aus meiner Lethargie. Wo sie die Kraft hernahm, weiß ich bis heute nicht. Ohne sie und ihren unerschütterlichen Glauben an mich, hätte ich mich wohl aufgegeben.

Eine ähnliche Stimmung habe ich, vor langer Zeit, bei einem Schwimmkameraden erlebt. Er hat sich nach seiner Krebsdiagnose vollkommen aufgegeben. Wir Schwimmer hatten keinen Zugang mehr zu ihm. Seine Freundin ließ ihn hängen.

Er verfluchte die ganze Welt. Manchmal fürchteten wir, er wolle sich das Leben nehmen. Gott sei Dank hatte er aber dazu nicht den Mut. Ein langjähriger Schulfreund half ihm über die schwere

Zeit. Das ging immer einige Zeit gut, bis ihn der Mut wieder verließ.

Erschüttert waren wir dann als wir von seinem Tod erfuhren. So wollte ich nicht enden. Es war gut, dass ich auf meine Frau gehört habe.

Da der Professor die Meldung an die Berufsgenossenschaft gemacht hat, wunderte mich ein Schreiben der BG nicht. Ohne einen triftigen Grund schreibt mich doch eine BG nicht an.

Ich stöberte weiter bei „Mr. Google" ob die CLL eine anerkannte Berufskrankheit ist. Wenn ja, dann habe ich eventuell mit einer Entschädigungszahlung seitens der BG zu rechnen. Da ich sehr kritisch bin, muss ich also noch weitersuchen.

Sämtliche mir noch vorliegenden Unterlagen meiner früheren Arbeitsstelle durchsuchte ich auf Hinweise, ob eventuell die Chemikalien, mit denen ich im

Laufe meiner Arbeit in Berührung kam, entscheidend dazu beigetragen haben, dass die CLL bei mir zum Ausbruch kam.

Diese Suche beschäftigte mich tagelang, manchmal sogar bis spät in die Nacht. Kein Wunder also, dass ich danach ein zusammenhangloses Zeug träumte, das mich am nächsten Tag wiederum nicht zur Ruhe kommen ließ. Ich wollte aber gewappnet sein, wenn der Arzt von der BG mir Fragen stellte.

Dabei verstrickte ich mich immer mehr in die Ursachenforschung, wenn man das so nennen will. Die Tatsache, dass mich dieser „verdammte Krebs" er- wischt hat, machte mich rasend. Mit wem sollte ich mich darüber unterhal- ten? In meinem Bekanntenkreis fand ich niemanden, der auch nur im Entferntes- ten davon Ahnung hatte.

In meiner Verzweiflung versuchte ich online mit Betroffenen in Kontakt zu treten. Ich las deren Berichte und Einschätzungen, obwohl ich wusste, dass gerade online viel Mist erzählt wurde. Was macht man aber nicht alles, um mehr zu erfahren?

Der vierteljährliche Termin für meine Untersuchung kam immer näher. Wie hoch werden die Leukozyten dieses Mal sein? Inzwischen habe ich Kontakt mit einer Selbsthilfegruppe und einem Forum im Internet.

Als ich die ersten Zeilen las, bekam ich es mit der Angst zu tun. Das waren in meinen Augen chaotische Existenzen. Was dort geschrieben stand, hätte mich fast in eine tiefe Depression fallen lassen. Zum Glück nahm ich mir das nicht zu sehr zu Herzen. Mein Verstand sagte, dass es so bei mir nicht sein kann.

In den Berichten las ich von Mutlosigkeit, Verzweiflung, Lügen und Betrug. Trotzdem meldete ich mich bei einem Forum an und habe ihnen sogar meine

Ängste geschildert. Es waren auch CLL-Betroffene dabei.

Denen konnte ich gezielte Fragen stellen, da ich ja erst kürzlich mit der CLL konfrontiert worden bin. Komischerweise haben mich alle in diesem Forum sofort ins Herz geschlossen und anscheinend akzeptiert. Ein reger Informationsaustausch fand statt, der mich aber auch nicht schlauer machte.

Mit wem ich auch korrespondierte, als aller erstes wurde mir von der eigenen Krankheit berichtet und was schon unternommen wurde. Wie schwer es ist, die CLL zu akzeptieren. Welche Nebenwirkungen auftreten und wie die Familie damit umgeht.

Mit einigen Forumsmitgliedern im deutschsprachigen Raum war ich online oder auch per mail in Kontakt. Sie luden mich zu ihrem monatlichen Treffen in ein bestimmtes Hotel ganz in meiner Nähe ein.

Dort sollte für einen Vortrag sogar extra ein Spezialist eingeladen werden, der für alle Fragen Rede und Antwort stehen solle.

Meine Frau konnte schon nicht mehr mit ansehen, wie ich mich in diese Sache vertiefte und bat mich händeringend dem ein Ende zu bereiten. Es beschäftigte mich doch mehr als ich zugeben wollte.

So einfach ist es wohl nicht für jemanden, wenn dieser nicht selbst betroffen ist. Ich hoffte natürlich aus den Erzählungen anderer noch auf Infos, die mir weiterhalfen. Merkte daher aber gar nicht, dass ich mich immer mehr und mehr verstrickte.

Was ich dort alles erfuhr, welche Heilungschancen es angeblich gab, und wie diese verzweifelten Forumsmitglieder damit umgingen und auch noch daran glaubten, es war manchmal nicht zum Aushalten.

Dann berichtete ein Mitglied wie schlecht es ihm nach einer Knochen-mark-Transplantation ging und er von den Ärzten erfahren hat, sie würde nicht anschlagen. Online verabschiedete er sich schon und bat alle um Verzeihung.

Das war ein Grund mehr warum mich meine Frau endlich bat mit der ganzen Sache aufzuhören. Das fiel mir außerordentlich schwer, aber ich merkte selbst, dass es mich fast um den Verstand brachte.

Das dauerte noch einige Tage, aber dann hatte ich beschlossen, mich nicht durch das Forum in eine falsche Richtung bringen zu lassen.

Schluss, aus und vorbei, sagte ich mir. Ab sofort gehe ich meinen eigenen Weg.

Über allem habe ich nicht die Berufsgenossenschaft vergessen. In der Zwischenzeit hatte ich mich um alle noch vorhandenen Unterlagen gekümmert, diese soweit wie möglich sortiert.

Es dauerte auch nicht mehr lange, als ein Brief von der BG kam, in dem mir der Termin für die mündliche Unterredung angekündigt wurde.

Innerlich sträubte ich mich dagegen, weil ich nicht wusste, welche Fragen auf mich zukommen werden.

Den Ausführungen des Professors zufolge war doch alles klar. Ich habe CLL und die Ursache liegt einzig und allein darin, dass ich in meinem Berufsleben mit gesundheitsschädlichen Chemikalien gearbeitet habe. Sie sind der Grund für die CLL.

Im graphischen Gewerbe war mir nur eine Berufskrankheit bekannt, die aber meistens die Schriftsetzer betraf. Die Bleikrankheit. Fast jeder Schriftsetzer war daran erkrankt. Die Arbeit eines Schriftsetzers bestand darin, aus Buchstabenlettern, die aus einer Legierung von Blei, Antimon und Zink bestanden haben, eine druckfertige Satzseite zusammenzustellen, aus der dann die Drucksachen entstanden.

In meiner Lehre haben deshalb Schriftsetzer noch täglich eine Portion Milch erhalten. Zu der Zeit glaubte man noch, das würde gegen die Bleikrankheit helfen. Ein fataler Irrtum.

Jetzt soll so ein Bürokrat von der BG kommen, der davon bestimmt nichts gehört hatte. Möglicherweise sogar ein junger Spund, gerade von der Uni, keine Berufserfahrung, aber mich begutachten soll. Welch ein Hohn!

Auf den Termin mit der BG war ich sehr gespannt. Ich wollte doch auch wissen, ob die Behauptung meines Professors richtig war. Alle mir zur Verfügung stehenden Unterlagen habe ich gesammelt und hoffte, der „Spezialist" könne damit etwas anfangen.

Weit gefehlt! Als er dann bei mir erschien, war ich sehr überrascht. Das war kein junger Mann mehr, der gerade die Uni hinter sich hatte. Nein, ich schätzte ihn so um die fünfzig. Meine Stacheln konnte ich vorerst einfahren. Ich wusste ja, dass er auch nur seinen Job machte.

Aber ich war doch mehr als erstaunt. Der wusste tatsächlich genau über meine berufliche Tätigkeit Bescheid und stellte mir die dementsprechenden Fragen. Ich kramte in meinen Erinnerungen und merkte, ich habe noch nicht alles vergessen.

Angefangen bei meiner Lehrstelle im Jahr 1955. Es war eine kleine Druckerei und für die Reinigung der Maschinen benötigten wir besondere Reinigungsmittel, die einen großen Anteil Benzol hatten.

Genau um dieses Benzol ging es hauptsächlich bei der Fragerei.

Benzol wurde in großem Umfang als Löse- und Reinigungsmittel in Druckereien als Verdünner von flüssigen Benzingemischen, wie Waschbenzin, Reinigungsbenzin eingesetzt.

Manchmal kam es auch vor, dass die Reinigungsmittel nicht ausreichten, denn dann musste ich zur Tankstelle gehen und Benzin als Reinigungs-Ersatz kaufen. Das Benzin hatte einen noch höheren Benzolanteil als unsere Reinigungsmittel.

Damit er sich ein genaues Bild meiner Tätigkeit machen konnte, sollte ich ihm auch die Räumlichkeiten meiner damaligen Arbeitsstätten und die Lagermöglichkeiten der Reinigungsmittel schildern.

Jede Arbeitsstelle habe ich ihm genau beschrieben und er hat es mit seinen Unterlagen verglichen. Nach längerer Fragerei wurde mir der Mensch immer sympathischer.

Nach Beendigung der Fragestunde verabschiedete er sich recht freundlich. Er versicherte mir, diese Angaben bei der weiteren Untersuchung zugrunde zu legen. Ich hatte ein gutes Gefühl.

Mitte März, bei der nächsten Blutuntersuchung, glaubte ich wieder an ein Wunder. Die Anzahl meiner Leukozyten war in etwa stabil. Ich hatte große Hoffnung und vertraute dem Urteil des Professors. Dieser wollte natürlich von mir wissen, wie die Untersuchung der BG war usw.

Da ich von dort aber bisher noch nichts wieder gehört habe, konnte ich nur die Achseln zucken. Das wird schon, meinte er nur. Meine Lymphen hatten sich nicht verändert und er war vorerst zufrieden. Aber mein Besuch in der Onkologie warf mich wieder um einiges zurück.

Beim Anblick der Menschen, die dort in dem aschfahlen Raum am Tropf hingen, erinnerte ich mich immer an meine Oma. Sie ging mit mir, als ich noch sehr klein war, einige Male in die zum Krankenhaus gehörende Leichenhalle, um sich die dort aufgebarten Toten anzuschauen.

Ich glaubte, sie wollte sich von den Toten verabschieden. Sie war sehr religiös, vielleicht war das der Grund.

Damals fand ich das nicht so schlimm, nur heute erinnern mich kahle, weiße Wände wieder daran.

Deshalb bin ich auch heute froh, wenn ich die Onkologie so schnell wie möglich verlassen kann. Ich kann jetzt nur noch abwarten, wann die BG sich bei mir meldet und ob meine Leukozyten ansteigen oder fallen werden.

Das ist eine saublöde Situation. Fest steht, ich bin an CLL erkrankt, wie sie sich weiter entwickeln wird, kann ich nicht einmal ahnen.

Schmerzen habe ich keine. Von meinen seelischen Schmerzen ganz abgesehen. Körperlich sah man mir die CLL auch nicht an. Aber wie es drinnen aussieht, will ich niemandem mitteilen.

Meiner Familie kann ich allerdings nichts vormachen. Sie kennen mich genau und wissen, dass es täglich mehr und mehr an meiner Substanz nagt. Es ist ja auch nicht einfach so eine Diagnose wegzustecken. „Krebs" ist nun mal die größte Geisel der Menschheit, bis jetzt.

Je mehr ich mich mit der Krankheit beschäftigte, desto mehr keimte in mir der Entschluss:

„DU KRIEGST MICH NICHT !"

Ich werde alles dafür tun, dass du mich nicht fertig machst! Ich war richtig froh, dass ich mit meiner Frau, ohne Hemmungen zu haben, über alles reden konnte.

Sie wusste als einzige, wie es in mir aussah. Ihr konnte ich nie etwas vormachen.

Bekannten und Freunden zu sagen, dass ich an CLL erkrankt bin, war kein Problem für mich. Ich ging zwar nicht damit hausieren, doch wenn die Sprache auf Krebs kam, hatte ich keine Probleme sie aufzuklären.

In erschrockene Gesichter zu sehen war ich gewohnt. Teilweise verstummten die Gespräche aber dann, oder man versuchte einfach das Thema zu wechseln. Doch ich stand dazu und hatte keine Probleme jede Frage, so gut ich konnte, zu beantworten. Auch diese Konfrontation brauchte ich, um vor mir zu bestehen.

Natürlich lebte ich seit der Diagnose in einer anderen Welt. Sollte ich mich selber ausgrenzen und nicht mehr dazugehören? Nein, nicht mit mir! Jeder soll erfahren, wie beschissen eine Krebsdiagnose ist, unterkriegen lasse ich mich deswegen nicht.

Eines Tages kam dann doch Post von der BG. In freudiger Erwartung öffnete meine Frau die Post. Ihre Erwartung war nicht meine.

Nach Lesen der ersten Zeilen verfinsterte sich ihr Gesicht und ich hörte sie sagen: „Was bilden die sich ein, was wissen die denn schon, wie es in uns aussieht. Mein Mann hat CLL und die BG schmettert die Krankheit einfach ab. Hör dir das an, sie behaupten, es ist keine anerkannte Berufskrankheit und deshalb lehnen sie deinen Antrag ab. Ich verstehe die Welt nicht mehr, was sollen wir dagegen tun?"

Ich versuchte meine Frau erst einmal zu beruhigen, obwohl mich diese Absage mehr traf als mir lieb war. Aber was sollte ich tun? Die einzige Chance die mir blieb, war gegen diesen Bescheid Klage einzureichen.

Wir schauten uns an und meinten, so einfach kommt die BG nicht davon!

In unseren Ohren hörten wir noch die Aussagen meines Professors, der sich seiner Sache sehr sicher war. Deshalb legten wir Einspruch ein und hofften diesen Einspruch kann die BG nicht ohne triftige Argumente einfach wieder abschmettern.

Wir wollten Einsicht in die Unterlagen haben. Ich habe mich genau erkundigt und es stand auch im Kleingedruckten, dass in einer fristgerechten Zeit der Einspruch erfolgen muss.

Wieder dauerte es Wochen bis wir von der BG Bescheid bekamen, und wir Akteneinsicht haben dürfen. Für diese Einsicht müssen wir zum Sozialgericht in eine benachbarte Stadt. Nur dort können wir in die Akten schauen. Wir schlugen einen Termin vor, der bestätigt wurde und an diesem Tag waren wir im Sozialgericht.

Was uns allerdings dort passierte, konnten wir gar nicht glauben. Nur im Beisein eines Angestellten durften wir Akten-Einsicht nehmen. Fotokopien waren nicht erlaubt.

In mir kochte es, ich dachte ich lebe in einem freien Land und kann in meine Unterlagen sehen wann und wo ich will.

Pustekuchen! Heimlich machten wir uns Notizen. Mein ganzer Werdegang war hier verzeichnet. Wann ich geheiratet habe, wieviel Kinder ich habe usw. usw. Ich glaubte das alles nicht. Was hatte das mit meiner Erkrankung zu tun?

Mit einer gehörigen Portion Wut im Bauch fuhren wir wieder heim. Diese Einsichtnahme brachte mich auch nicht weiter. Nachdem ich die Absage nochmal gelesen habe, wurde mir klar, ich kann nichts machen.

Die Ablehnung der BG war so angelegt, dass mein Antrag auf eine Berufsunfallrente keine Aussicht auf Erfolg haben konnte. Weil zu diesem Zeitpunkt die CLL nicht als Berufskrankheit anerkannt war.

Weitere Schritte hatten keinen Zweck. Damit konnte ich meine Hoffnung begraben für meine berufliche Tätigkeit eine Entschädigung zu erhalten. Die schädlichen Chemikalien haben ja auch nur „MEINE" Gesundheit ruiniert!

Frustriert musste ich klein beigeben. Das konnte und wollte ich aber nicht akzeptieren! Ich wusste nur nicht, was ich machen sollte. Anscheinend reagierte mein Körper aber darauf.

Bei der nächsten Blutuntersuchung waren meine Leukos anscheinend auch nicht damit einverstanden, denn sie hatten sich vermehrt. Auf einmal schnellten sie hoch auf 31.500. Meine Ärztin schaute mich an und fragte mit einem Lächeln, ob ich in der vergangenen Zeit „unsolide" gelebt habe.

Was wollte sie mir damit sagen? Unsolide leben, was soll das sein? Ich habe nicht anders gelebt als vor der Krebs-Diagnose. Ich weiß nicht, wie ich mich verhalten soll, zumal man mir ja sagte, ich müsse meine Lebensweise nicht ändern.

Nach der Ablehnung der BG fühlte ich mich noch elender als zuvor. Anscheinend reagiert mein Körper sofort auf diese Ungerechtigkeit. Das war ja Stress pur. Kein Wunder, dass die Leukos hochschießen auf 31.500.

Ein neuer Rekord. Ich dachte, jetzt ist es aus mit der Gemütlichkeit. Meine Leukos haben „Oberhand".

Was soll ich denn tun? Mich von meinen Freunden fernhalten? Oder? Oder? Krebs ist doch keine ansteckende Krankheit, oder neuerdings doch? Das hätte man mir ja wohl gesagt, und von einer „Quarantäne" war bisher nie die Rede.

„Caramba mir kocht der Blut!". Das ist ein Spruch, den ich fast vergessen hatte. In meiner Kindheit hat mein Onkel das oft gesagt, wenn er sich über irgendetwas schrecklich ärgerte.

Das war auch mit ein Grund für meine Ankündigung: (die ich schon vor Jahren machte)

„Mich kriegt der Krebs nicht!"

Deshalb habe ich beschlossen, mich mit meinen weißen und mit meinen roten Blutkörperchen zu unterhalten. Sie sollen wissen, dass ich der „Bestimmer" bin. Nichts können sie gegen meinen Willen entscheiden. Ich lasse nicht zu, dass sie mit mir Roulette spielen.

Wir sind auf Lebenszeit miteinander verbunden, denn sie sind mein Eigentum und müssen nur mir gehorchen!

So egoistisch war ich noch nie. Es ist eigentlich gegen meine Gesinnung. Doch in diesem Fall betrifft es mich. So kann ich auch selbst bestimmen, was mit mir geschieht. Und die Blutkörperchen sind in mir und haben nur mir zu gehorchen. Basta!

Am nächsten Morgen ging es los. Ich stand gerade unter der Dusche, und dachte an die Leukämie, als ich mich sagen hörte:

„Hey, rote Blutkörperchen. Ihr seid meine Lebensretter ! !

Hört ihr mich? Ihr wisst, ich habe hier das Sagen. Wir wollen ein friedliches und gesundes Leben haben. Ihr genauso wie ich. Ich will schließlich 110 Jahre alt werden, also versaut mir das nicht."

„Ab sofort habt ihr euch an meine An- weisungen zu halten. Ihr seid die Poli- zisten in meinem Körper und ihr habt dafür zu sorgen, dass keine Feinde uns eliminieren können. Einige davon haben sich schon in meinem Körper eingenistet, und ihr müsst dafür sorgen, dass sie wieder verschwinden."

Stundenlang hätte ich unter der Dusche stehen können. „Diese Feinde, nein, ich sage das sind Parasiten. Die habt ihr zu vernichten. Sie werden im Rückenmark, Knochenmark oder wo auch immer gebildet. Sobald ihr merkt, da tauchen neue auf, vernichtet sie. Sie haben bei mir keine Chance."

Bevor ich das Wasser abdrehte, hörte ich mich wieder sagen:

„Wir wollen doch noch lange leben, ihr genauso wie ich. Nochmal der Befehl, vernichtet diese Eindringlinge! Ich bin immer bei euch und morgen reden wir wieder miteinander."

Damit war das Gespräch mit meiner „Roten-Lifeguard" beendet.

Ich schüttelte den Kopf über meine Selbstgespräche. Aber ich hatte mir vorgenommen, bei jeder sich bietenden Gelegenheit, andauernd mit meiner „Roten-Lifeguard" zu reden. Ich werde sie niemals in Ruhe lassen. Wo ich auch immer war, nahm ich mir die Zeit sie anzusprechen.

Im Laufe der Zeit habe ich mich schon so daran gewöhnt bei der kleinsten Verschnaufpause lautlos mit ihnen zu reden. Das war manchmal sogar so schlimm, dass meine Frau mich ansah, als würde ich spinnen.

Eines Tages fragte sie in meine Gedankenstille:

„Was ist eigentlich los mit dir?"

„Ich spreche mit meiner „Roten-Lifeguard" und befehle ihnen immer und immer wieder, dass sie die Parasiten vernichten müssen.

Egal wo sie sich auch verstecken. Es ist ihre Aufgabe sie zu finden und zu zerstören. Sie haben in meinem Körper nichts zu suchen.", sagte ich. Meine Frau schaute mich ungläubig an und meinte: „Bist du jetzt völlig übergeschnappt?"

Jetzt schaute ich sie total entgeistert an, beruhigte sie, indem ich ihr erklärte, was ich damit erreichen will: „Du weißt doch, was ich immer sage, wenn ich einmal Krebs bekomme, werde ich mit allen mir zur Verfügung stehenden Mitteln dagegen angehen.

Meine letzte Untersuchung hat doch gezeigt, dass diese Leukos machen was sie wollen. Aber nicht mit mir! 31.500 reicht mir. Ich werde sie zwingen aus meinem Körper zu verschwinden. Wollen doch mal sehen was sie machen, und wer am Ende der Gewinner ist."

Bei jeder Gelegenheit, wenn ich morgens aufwachte und noch ein wenig im Bett liegen blieb, sprach ich schon mit ihnen. Auch beim Einkaufen an der Kasse oder während ich mit meiner Frau einen Cappuccino beim Italiener trank, nie waren sie vor mir sicher. Die nächsten Wochen ließ ich ihnen keine Ruhe. Ich will doch mal sehen, wer dieses Match gewinnt!

Die nächste Blutuntersuchung stand an. Das Ergebnis faxt meine Ärztin immer direkt an meinen Professor. Wir haben vereinbart, dass ich nach dem Ergebnis zu ihm in die Onkologie gehe und er mich untersucht.

Dabei fühlte er meistens nur nach meinen Lymphknoten, ob sie geschwollen sind oder nicht. Zu meinem Glück war er jedes Mal zufrieden. Heute allerdings schaute er mich staunend an und wollte wissen, was ich gemacht habe. Ungläubig sah ich ihn an. Was will er denn heute von mir?

Das Ergebnis der Blutuntersuchung war mir noch nicht bekannt. Was war passiert? Oh Wunder, die Leukos waren auf 27.000 gesunken.

Wenn das mein Reden mit der „Roten-Lifeguard" bewirkt hat, dann bin ich auf dem richtigen Weg.

Ich erzählte ihm was ich seit einiger Zeit mache. Auf seinem Gesicht sah ich ein Lächeln. „Weiter so, das ist die richtige Einstellung. Selbstheilung funktioniert, daran glaube ich ganz fest. Sie machen das richtig. Herzlichen Glückwunsch!", waren seine Worte.

Damit ließ er uns allein und wir konnten die „schreckliche" Onkologie wieder verlassen. Einige Tage danach stand meine „quartalsmäßige" Diabetes-Mellitus-Untersuchung bei meiner Ärztin an. Sie wollte auch wissen, was ich unternommen habe denn meine Werte wären gefallen.

Mit ihr hatte ich oft längere Gespräche über meine Krankheit, meinen Diabetes-Mellitus usw. Seit Jahren bin ich in ihrer Behandlung, darum erzählte ich auch ihr von meinen Selbstgesprächen mit den roten Blutkörperchen, wann und wo und wie ich das tue.

„Das machen sie ganz richtig, sie haben ihre Krankheit angenommen und stehen dazu.", sagte sie. „Das finde ich großartig, wie sie damit umgehen. Achten sie nur weiter darauf, dass sie sich nicht anstecken, denn ihr Immunsystem ist ziemlich geschwächt."

Nach dem Gehörten, fühlte ich mich schon um vieles besser. Bei nächster Gelegenheit erzählte ich das auch meinen Söhnen. Skeptisch schauten sie mich an. Da ich meine sie genau zu kennen, wusste ich auch, was jetzt in deren Kopf herumgeistert. Jetzt spinnt Papa. Wir wissen, dass er vieles sehr leicht nimmt, aber was er uns jetzt auftischt, können wir nicht glauben.

Nachdem ich ihnen aber die Reaktion der Ärztin und des Professors schilderte, schienen sie doch ihre Einstellung zu überdenken. Sie merkten, dass ich aufatmete und mit der Leukämie nicht mehr so traurig und finster aussah wie bisher.

Auch in meinem Bekanntenkreis erzählte ich, wie ich meine Krankheit in den Griff kriegen will. Manche schauten mich dabei ungläubig an, andere wiederum waren sogar begeistert. An eine Selbstheilung glaubte fast keiner. Aber sie widersprachen mir nicht, im Gegenteil, sie ermunterten mich damit fortzufahren.

Eines Tages erfuhr ich von einem Bekannten, dass eine auch mir bekannte Nachbarin einen Verkehrsunfall hatte. Bei der Untersuchung wurde bei ihr ebenfalls CLL festgestellt.

Er erzählte weiter, dass sie eine aggressive Leukämie habe. Er wird ihr raten doch dieselbe Prozedur mit ihren Leukozyten anzustellen wie ich. Vielleicht würde meine Methode ihr ja ebenfalls helfen.

Ob diese Nachbarin das gemacht hat, kann ich nicht sagen. Ich hörte nur beiläufig, dass sie schon zweimal eine Chemo bekommen hat, da die Leukozyten bei ihr auf fast 100.000 geklettert waren.

Aus diesem Grund verstärkte ich meine Unterhaltung mit den Leukos. Bei jeder möglichen Gelegenheit sprach ich noch eindringlicher mit meiner „Roten-Lifeguard".

Ich befahl ihnen jetzt noch genauer hinzuschauen und alle Leukos, die sie finden können, auf der Stelle zu eliminieren.

Es ist nicht einfach mit der Krebs-Diagnose zu leben. Zum Glück habe ich die leichteste Art der Leukämie erwischt. Vielleicht rede ich mir das auch nur ein. Niemand kann wissen, ob es so bleibt oder ob der Krebs plötzlich, trotz meiner Abwehr, irgendwann noch weiter zuschlägt.

Es ist ein dauernder Kampf zwischen uns beiden. Ich will gewinnen und sage ihm das auch. Bei mir hat er keine Chance. Das ist schon zur Routine geworden.

Meine Leukos vermehren sich mal wieder nicht. Vielleicht haben sie die Nase voll und warten ab? Ich kann sie z. Z. unter 20.000 halten. Trotzdem macht es mich wütend, dass der Krebs sich bei mir wohlfühlt.

Seit ich Rentner bin, habe ich einige Hobbys. Erst habe ich das Acrylmalen entdeckt. Nach einiger Zeit fand ich Geschichten zu schreiben sei toll. Mittlerweile habe ich auch einige Bücher veröffentlicht.

Bei den Recherchen zu einem neuen Buch bin ich auf die Idee gekommen einfach mal nachzuforschen, ob die CLL mittlerweile als Berufskrankheit anerkannt ist. Damals hatte die BG meinen Einspruch ja abgelehnt.

Ihre Begründung: CLL sei keine anerkannte Berufskrankheit und ihre Ablehnung sei rechtens.

Im Internet stellte ich dann aber fest, die CLL ist schon seit 2009 als Berufskrankheit anerkannt. Auch in meinem früheren Beruf als Buchdrucker. Ich traute meinen Augen nicht und konnte es kaum glauben. Das war der absolute Hammer!

Sofort fiel mir wieder ein wie sehr ich mich über die Ablehnung geärgert habe. Das soll mir nicht noch einmal passieren. Das musste ich sofort meiner Frau erzählen, die natürlich auch aus allen Wolken fiel. Schon sah die Welt viel freundlicher aus.

Was ist zu tun? Was soll ich jetzt machen? Ignorieren wäre dumm, nachdem ich mich so betrogen gefühlt habe. Im Internet kann man ja fast alles finden. Jetzt ist es wichtig mich schlau zu machen.

Geärgert habe ich mich sehr darüber, dass eine Berufsgenossenschaft nicht verpflichtet ist, bei so einer wichtigen Änderung, die vorherigen Ablehnungen aufzuheben.

Aber natürlich bekam ich keine Nachricht, dass ich mit einer Entschädigung rechnen kann. Ab jetzt werde ich nicht mehr lockerlassen, ich werde mir mein Recht holen.

Nur wie, wusste ich noch nicht so richtig. Wen sollte oder konnte ich fragen? Ich stöberte weiter im Internet, irgendwo muss ich doch fündig werden.

Die Seiten in denen über Berufskrankheiten berichtet wurde, waren als erstes an der Reihe. Von vorne nach hinten und zurück überschlug ich jeden Artikel.

Ich muss jetzt wirklich wissen, was ich tun soll. Mein Widerspruch hatte damals nichts bewirkt. Wusste ich nach ungefähr sechs Jahren nicht mehr wie ich es angehen soll?

Tage um Tage verbrachte ich im Internet, immer in der Hoffnung, dass mir endlich jemand helfen kann. Aufgeben gibt es für mich nicht. Dann plötzlich, als wäre ein Wunder geschehen, hatte ich die Seite eines Arbeitgeberverbandes aus Hamburg gefunden.

Dort stieß ich auf einen Hinweis über Berufskrankheiten und was Betroffene in einem solchen Fall tun können.

Ich fand eine Telefonnummer und eine mail-adresse. Natürlich rief ich den zuständigen Mitarbeiter sofort an, war überrascht, dass er mir helfen wollte. Er bat mich aber ihm mein Anliegen in einer mail mitzuteilen, nur so könne er mir antworten.

Er gab mir auch den Tipp, dass meine Anfrage einen offiziellen Charakter haben sollte.

Ich teilte ihm dann in kurzen Worten mit, was mir passiert war und ich gelesen habe, dass die CLL bereits in meinem Fall seit 2009 als Berufskrankheit anerkannt sei.

Auf sein Anraten hin sollte ich nur eine kurze Mitteilung an die BG schreiben und auf Anerkennung meiner CLL als Berufskrankheit Nr. 1318 bestehen. Dadurch erfuhr ich so nebenbei, dass die genaue Bezeichnung der Berufskrankheit „1318" ist. Ich druckte mir alles aus und sah, dass genau die Chemikalien darin standen, die zu meiner Krankheit geführt haben.

Jetzt war ich mir ganz sicher, von nun an lasse ich mich nicht mehr abschmettern. Meinen Antrag an die BG schickte ich per mail, bat aber gleichzeitig darum mir eine Bestätigung über den Erhalt zu senden. Unter „cc" sandte ich eine Kopie an den Mitarbeiter des Arbeitgeberbundes in Hamburg, weil er mich darum gebeten hatte.

Das war schon wieder Aufregung genug. Dabei dachte ich ununterbrochen an meine Leukos. Was machen sie in dieser Situation? Lassen sie sich von der Aufregung beeinflussen?

Mit Spannung erwartete ich meine nächste Blutuntersuchung. In der Zwischenzeit sprach ich umso intensiver mit meiner "Roten-Lifeguard".

Zwei wichtige Sachen standen jetzt an. Einmal wartete ich auf die Bestätigung der BG, und zum anderen auf das Ergebnis meiner Leukos. Das Ergebnis der BG ließ nicht lange auf sich warten. Sie bestätigten mir, den Antrag zu bearbeiten und mir nach gewissenhafter Prüfung so schnell wie eben möglich Bescheid zu geben.

Ein dicker Stein (für mich war es ein riesiger Felsblock) fiel mir vom Herzen. Sie haben meinen Antrag angenommen und können nicht anders, als ihn zu bearbeiten.

Aus dieser Sache kommen sie nicht wieder raus, dachte ich, und atmete erst einmal richtig durch.

Einige Zeit später war auch das Ergebnis der Untersuchung da. Meine "Rote-Lifeguard" hat ganze Arbeit geleistet. Die Leukos lagen unter 20.000. Ich wollte vor lauter Freude jeden umarmen, doch meine Frau holte mich schnell wieder auf den Boden der Tatsachen zurück.

Du hast CLL und damit ist nicht zu spaßen. Wenn du auch denkst, du hast gewonnen. Vielleicht gibst du den Leukos nur neues Futter und sie versuchen es weiter. Bleib lieber auf dem Teppich und lass ihnen keinen Spielraum sich zu entfalten.

Jetzt hatte ich die Gelegenheit mich genau mit der Berufskrankheit 1318 zu befassen. Bisher wusste ich gar nichts darüber. Erst als ich es im Internet entdeckte, sah ich es mir an.

Wenn ich das damals auch nur hätte ahnen können, hätte ich sicher nicht so schnell aufgegeben. Leider war die Berufsgenossenschaft 2006 im Recht.

Damit mir dieses Mal kein Fehler unterläuft, las ich das „Kleingedruckte" ganz genau. Im Merkblatt zur Berufskrankheit Nr. 1318 stand folgendes:

Erkrankungen des Blutes, des blutbildenden und des lymphatischen Systems durch Benzol.
Die Aufnahme von Benzol in den Körper erfolgt sowohl über die Atmung als auch über die Haut.

Seit Ende des 19. Jahrhunderts ist die gesundheitsschädliche Wirkung von Benzol bekannt. Bei akuten hohen Belastungen treten neurotoxische Wirkungen, gastrointestinale Symptome und Herzrhythmusstörungen auf.

Benzol ist auch haut- und schleimhautreizend. Infolge der Wirkung auf weiße

Blutzellen, insbesondere Lymphozyten, ist Benzol auch immuntoxisch. Benzol ist in Deutschland und in praktisch allen Industrienationen als gesichert krebserzeugend für den Menschen eingestuft.

Somit steht eindeutig fest, dass meine Erkrankung ohne Wenn und Aber vom jahrelangen Umgang mit benzolhaltigen Chemikalien herrührte. Da beißt die Maus keinen Faden ab. Aber was macht die BG jetzt?

Wieder vergingen Tage und Wochen. Die nächsten routinemäßigen Untersuchungen standen an, brachten aber keine weiteren neuen Erkenntnisse. Von meiner Ärztin erfuhr ich irgendwann, dass die BG sie angeschrieben hat und die neuesten Untersuchungsergebnisse angefordert hatte.

Damit war ich natürlich einverstanden, doch was wollten sie jetzt wieder damit? CLL habe ich, darüber lagen alle Befunde der BG vor.

War es eine neue Verzögerungstaktik? Selbst wenn sich die Anzahl meiner Leukos drastisch verändert hat, bleibt es dabei, es ist Chronisch-Lymphatische-Leukämie!

Ich konnte die Hinhaltetaktik nun gar nicht mehr verstehen. Langsam wurde ich es leid und entschloss mich bei der BG nachzufragen, was aus meinem Antrag geworden ist.

Aber das war gar nicht so einfach wie ich dachte. Jedes Mal wurde ich weiter verwiesen, einmal war der Sachbearbeiter nicht am Platz, das andere Mal in Urlaub und ein drittes Mal hatte er die Akte nicht vorliegen.

Es half alles nichts. Ich hatte die Nase gestrichen voll und entschloss mich es doch wieder schriftlich zu machen. Vorher dachte ich, wenn ich den entsprechenden Mitarbeiter an der Strippe habe, geht es schneller. Aber weit gefehlt. So bekamen meine schriftlichen Anfragen ein Aktenzeichen, und sie konnten mich nicht mehr abspeisen.

Als ich dieses Hick-Hack bei meiner Untersuchung dem Professor erzählte, schüttelte er nur mit dem Kopf. So etwas meinte er, hat er noch nicht gehört.

Dann bekam ich nach langer Zeit die Nachricht, dass die BG mich einem Gutachter vorstellen will. Das Ganze findet in einer Uniklinik statt.

Von drei mir vorgeschlagenen Experten durfte ich mir einen aussuchen. Dabei wurden mir die besonderen fachlichen Kompetenzen der Ärzte genau beschrieben.

Jetzt lag es an mir für wen ich mich entscheide. Im Internet versuchte ich mir ein Bild von den Experten zu machen, was nicht einfach war.

Ich fragte meinen Professor. Vielleicht kannte er ja einen von ihnen. Und genauso war`s. Er riet mir zu einem bestimmten Professor den er kenne, mit dem er schon einige Gutachten geschrieben hat, unter anderem über AML, CLL usw.

Gut, dass ich ihn gefragt habe, dachte ich. Wenn mein behandelnder Professor mir zu einem ihm bekannten Experten rät, warum soll ich da nicht zugreifen? Ich könne mich bestens auf sein Urteil verlassen. Dieser Mann ist für mich hoffentlich der Richtige, also entschied ich mich für ihn.

Ich teilte der BG mit für wen ich mich entschieden habe in der Hoffnung, nun endlich meine Sache in Gang gebracht zu haben. Doch da sollte ich mich irren. Anscheinend mahlen bei der BG die Mühlen besonders langsam.

Es gingen abermals Wochen ins Land. Ich habe nicht nachgelassen zu fragen, wann der Untersuchungstermin denn nun endlich stattfindet.

Jedes Mal, wenn ich den zuständigen Sachbearbeiter anrief, wurde ich vertröstet.

Die unglaublichsten Ausreden wurden mir aufgetischt. Ich hatte wieder mal die Schnauze gestrichen voll.

Eine schriftliche Ausrede flatterte mir von der BG ins Haus. Über deren Begründung konnte ich wirklich nur noch lachen. Laut Schreiben hatte sich der von mir gewünschte Professor abgemeldet, er macht keine Gutachten mehr für die BG.

Was war das denn? Mir wurde ein Professor von der BG zur Auswahl vorgeschlagen und jetzt erfahre ich, dass dieser gar keine Gutachten mehr für die BG macht?

Soll das ein Witz sein, weiß dort der eine nicht was der andere tut? Da stellt sich die BG aber selbst ein Armutszeugnis aus.

Meiner Ärztin, dem Professor und allen anderen, die von dem Gutachten wussten, erzählte ich natürlich davon. Kopfschütteln und Fassungslosigkeit waren die Reaktionen.

Jetzt hatte ich Angst, weil ich nicht wusste, wie meine Leukos darauf reagieren werden.

Mit ihnen hatte ich mich hoffentlich so gut arrangiert, dass sie diese Aufregung leicht wegstecken und nur knapp über 20.000 klettern. Denn ich habe bemerkt, meine Leukos hören doch auf mich und beobachten meine Verfassung ganz genau.

Habe ich Stress, oder bin ich aufgeregt, macht mir etwas unangenehm zu schaffen, freuen sie sich anscheinend und meinen, jetzt passt die "Rote-Lifeguard" nicht auf und wir haben freie Bahn.

Schon schleichen sich mehr Leukos durch meinen Schutzwall. Sobald wieder Ruhe eintritt, ich gelassen auf alles reagiere, ist meine Abwehr voll im Einsatz und es besteht für die Leukos keine Chance mehr durchzukommen.

Wieder waren Tage vergangen. Auf einmal ging alles sehr schnell. Ich bekam einen Anruf von der BG, ob ich in zwei Tagen einen Termin in der Uniklinik in Düsseldorf wahrnehmen kann. Natürlich konnte ich.

Ich war froh über diesen Termin. Endlich würde meine jahrelange Wartezeit vielleicht zu einem guten Abschluss kommen, dachte ich.

Meine große Hoffnung war auch, dass ich endlich zur Ruhe komme. Die Aufregung der letzten Zeit hatte mich völlig nieder gemacht.

Nach der Ablehnung der BG wegen anerkannter Berufskrankheit ging es mir nicht so besonders. Ich hatte manchmal keine Lust etwas zu unternehmen. An

Urlaub war überhaupt nicht mehr zu denken. Im Gegenteil zu früher, denn da gehörte der Urlaub einfach zu einem glücklichen Leben.

Schon einige Male habe ich von anderen Betroffenen gehört, dass sie nach ihrer Krebsdiagnose einfach keinen Willen mehr hatten aus ihrem Leben noch etwas zu machen.

Nach meiner Diagnose habe ich mich dagegen gewehrt. Im Nachhinein merkte ich aber, dass es mich doch ganz schön bedrückte. Das wollte ich nur nicht zugeben.

Jetzt lag meine ganze Hoffnung in dem Gutachten der Uniklinik. Meine Frau begleitete mich. Allein habe ich es mir nicht zugetraut, ich war nicht mehr so selbstsicher wie früher.

Nachdem wir die Klinik erreicht hatten, wurden wir gebeten auf dem Gang zu warten bis wir hereingerufen werden.

Mehr als zwei Stunden ließ man uns sitzen.

Dann endlich der erlösende Satz einzutreten. Der Professor stellte sich und die begleitende Ärztin vor. Sie beobachtete mich von der ersten Sekunde an.

Sie schoben mir eine dicke Akte über den Tisch, die ich kurz überflog. Dabei stellte ich fest, diese Unterlagen waren dieselben wie vor Jahren. Neue ärztliche Unterlagen, die angeblich angefordert wurden, waren nicht Gegenstand dieser Unterredung.

Langsam hatte ich die Nase gestrichen voll. Seit der Krebs-Diagnose wurde mein Gemütszustand von Tag zu Tag immer schlechter. Nach außen wollte ich es nicht zugeben, und was im Inneren mit mir war, konnte Gott sei Dank keiner sehen.

Die Wochen, Monate und Jahre hatten mich verändert. Erst einmal musste ich mit der Diagnose Blutkrebs fertig werden. Dann die Ablehnung der Berufsgenossenschaft. Außerdem der tägliche Kampf mit meinen Leukos! Lust hatte ich zwischendurch zu nichts mehr. Wenn meine Frau mich nicht immer wieder aufgebaut hätte, ich wüsste nicht, was heute wäre.

Zum Glück habe ich mich doch immer wieder aufrappeln können und gesagt:

„So nicht! Ich will leben. Das macht der Krebs nicht mit mir. Dieser verdammte Parasit schafft mich nicht. Ich werde siegen."

Beide Ärzte beobachteten mich genau, stellten Fragen über Fragen nach meinem heutigen Befinden. Sie wollten wissen, ob es Krebs-Krankheiten in unserer Familie bei den Eltern oder den Vorfahren gab.

Diese abwechselnde Fragerei beider Ärzte war mal wieder für mich unbegreiflich. Vor Jahren, als ich die erste Befragung durch einen Gutachter der BG über mich ergehen lassen musste, habe ich schon wahrheitsgemäß geantwortet. Es steht doch alles in den Akten die sie vorliegen haben. Was soll das alles?

Dann wollten sie mir nochmal Blut abnehmen. Was soll denn das wieder, dachte ich? Der letzte Bluttest liegt ihnen doch vor.

Man sah mir an, dass ich mich ein wenig zierte, doch sie meinten:

„Sie haben doch den Antrag auf Anerkennung der Berufskrankheit gestellt. Wollen sie nun von uns eine Entscheidung, oder ist ihnen unser Bericht egal?"

Natürlich war mir das nicht egal und ich entschuldigte mich höflich für meine Bedenken. Sie schickten mich in eine andere Abteilung zur Blutentnahme.

Nach der Blutentnahme ließen sie mich wieder eine ganze Weile auf dem Flur sitzen. Es dauerte aber dieses Mal nicht so lange. Ich wurde wieder ins Zimmer gerufen und nach Überprüfung des Ergebnisses teilten sie mir mit, es sei alles ok und ich werde wohl eine Unfallrente bekommen.

Wir wurden verabschiedet mit den Worten: „In Kürze erhalten sie von der BG Bescheid. Wir sind nur für das Gutachten zuständig, die Entscheidung liegt bei der BG."

Damit wurden wir endgültig entlassen. Was konnten wir mit der Aussage anfangen? Wie lange muss ich jetzt wieder warten, bis ich Bescheid bekomme. Hat dieses Gutachten wirklich Sinn gemacht?

In den folgenden Tagen schaute ich mir nochmal alle im Internet gefundenen Unterlagen genau an. Dabei fiel mir auf, dass es bei den Richtlinien einer anerkannten Berufskrankheit einen Passus gab, der genau definierte, in welche Kategorie man einzustufen sei.

Bei anerkannter Berufskrankheit muss die BG einen Prozentsatz von 20% zusprechen. Ob das aber auch bei mir der Fall sein wird? Ich hoffte es, doch in der letzten Zeit habe ich schon so viele Nackenschläge bekommen, dass ich nur noch zweifeln konnte.

Aufgeben war aber nicht meins. Immer und immer wieder sprach ich mit meiner "Roten-Lifeguard" und forderte sie ununterbrochen auf, diese Parasiten zu eliminieren. Zwischenzeitlich waren meine Leukos wieder mal über 20.000 und ein anderes Mal unter 20.000 gewesen.

Meinen Professor bat ich um eine private Unterredung, die er mir auch gewährte. Ich schilderte die letzten Wochen, auch die letzte Untersuchung in der Uniklinik.

Er hörte mir gespannt zu und meinte dann ehrlich: „Ich glaube, diesmal wird es endlich klappen."

Mit einem tollen Gefühl verabschiedete ich mich von ihm und bedankte mich. Ich erfuhr auch von ihm, dass er veranlasst hatte, dass meine Ärztin ihm in Zukunft keine Blutergebnisse zufaxen brauche. Er vertraue mir und meiner Selbstheilung, zumal die Zahl der Leukos nicht gefährlich hoch sei.

Außer meiner Ärztin habe ich noch nie einem anderen Arzt vertraut. Liegt es an den Vorurteilen über die „Herrgötter in Weiß" oder daran wie sich manche Ärzte geben?

In den vergangenen Jahren hatte ich mit einigen Ärzten Kontakt und habe dabei festgestellt, dass manche aufgrund ihrer Ausbildung (oder warum auch immer) den Mitmenschen gegenüber überheblich wirken. Meinen diese Ärzte sie seien etwas Besseres?

Jetzt konnte ich meine Meinung revidieren. Dieser Professor ist das genaue Gegenteil.

Schon einmal habe ich einen so sympathischen Menschen kennen gelernt. Während meiner damaligen Arbeit als Betriebsleiter kam ein Professor der „Bildenden Künste" in unsere Druckerei.

Er war ein außerordentlich offener Mensch der mir auf Anhieb gefiel. Er wusste genau was er wollte, ließ aber keinen Zweifel aufkommen, dass wir auf Augenhöhe miteinander sprachen.

Irgendwann bestand er darauf ihn nur mit seinem Namen, und nicht mehr mit seinem Titel anzusprechen. Seit der Zeit habe ich ihn noch mehr gemocht.

Es war Ende November, die Adventszeit stand kurz bevor, als ich eines Morgens in unseren Briefkasten sah, fand ich einen etwas dickeren Umschlag von der BfA (Bundesversicherung für Angestellte). Mein Herz klopfte mir bis zum Hals. Lange war ich nicht mehr so nervös wie jetzt. Ist es die erhoffte Nachricht oder wieder eine Absage?

Ich habe mich nicht selbst getraut diesen Umschlag zu öffnen, und bat deshalb meine Frau, das für mich zu tun. Sie hatte natürlich kein Problem damit. Mein Herz raste und mein Puls schlug Purzelbäume, aber zugegeben habe ich das nicht.

Die Augen meiner Frau wurden riesengroß und dann fing sie an zu lachen. Da wusste ich, ich habe gewonnen. Sie legte die Unterlagen der BfA auf den Tisch. Dann kam ein Freudenschrei und sie sprang mir um den Hals.

„Du hast gewonnen!", hörte ich sie nur noch sagen. Wir umarmten uns und weinten vor Freude.

Beim neuerlichen Ansehen der Papiere sahen wir, dass sie nicht wie erwartet, von der Berufsgenossenschaft kamen, sondern von der BfA aus Berlin. Erst jetzt merkte ich, dass ein Teil der Unterlagen für mich bestimmt war, der andere für die BG.

Ehrlich wie ich bin, rief ich bei der BfA an, schilderte den Fall und man bat mich: „Schicken sie uns die Unterlagen kostenfrei zurück. Wir klären das mit der BG. Es war ein Versehen."

Ich habe es zurückgeschickt. (Aber vorher habe ich die Unterlagen natürlich kopiert.) Die jahrelange Anspannung fiel langsam von uns ab.

Was hatten wir nicht alles versucht um an unser Recht zu kommen?

Dann warf ich einen Blick auf die Unterlagen, überflog das Meiste, und stellte fest, das ist ja schon meine Rentenberechnung ab dem 1. Januar. Die Seiten, gespickt mit Zahlen, habe ich überhaupt nicht verstanden.

Am nächsten Tag nahm ich mir die Unterlagen nochmal zur Hand. Es ist aber auch gar nicht einfach das Amtsdeutsch zu verstehen.

Da hatte wohl ein überaus fleißiger Mitarbeiter der BfA mir aus Versehen Unterlagen zukommen lassen, die nicht für meine Augen bestimmt waren, sondern nur für die BG.

Die Berechnungen meiner mir demnächst zustehenden Berufsunfallrente variierten, und waren nicht nachvollziehen.

In der zweiten Adventwoche hatten wir, wie jedes Jahr unser gemütliches weihnachtliches Familientreffen. Unsere gesamte Familie mit Kindern und Freunden war eingeladen.

Meinen beiden Söhnen gab ich die Unterlagen der „Bundesversicherung für Angestellte" mit der Bitte, sie sich doch einmal genau anzusehen.

Ich beobachtete sie genau und wollte sehen, wie sie darauf reagieren. Wie ich vermutete, dauerte es nicht lange bis sie merkten, dass die BfA großen Mist verzapft hatte.

Sie sahen mich an und grinsten. Dann hörte ich sie wie aus einem Mund sagen:

„Und, Papa?"

Große Pause. „Was willst du jetzt machen? Die BfA hat dir Interna geschickt. Aber da kannst du nichts mit anfangen. Das Beste ist, du schickst die ganzen Unterlagen zurück und bittest um Berichtigung."

„Ja, Jungs das habe ich bereits gemacht. Aber ist es nicht interessant, dass ich Einsicht in Interna erhalte, die ich unter normalen Umständen nie zu Gesicht bekommen hätte?", sagte ich nur.

„Was, du hast das wirklich schon getan?", hörte ich sie fragen. Mit dem Unterton den ich noch von ihnen kannte, als beide noch bei uns ein- und ausgingen, also noch bei uns lebten.

Ich schaute in ihre Gesichter und sah ihr verschmitztes Grinsen, das ich zur Genüge kannte und auch liebte, bei beiden.

Freunde und Verwandte klärte ich auch kurz darüber auf, denn in den letzten Monaten und Jahren haben sie schon mitbekommen, dass ich richtig sauer auf die BG wegen der Ablehnung war.

Sie wussten, das alles hat Spuren bei mir hinterlassen. Mein Lebenswille, der mich eigentlich nie verließ, war nicht mehr so vorhanden wie sonst.

Kein Wunder. In Kürze steht die nächste Blutuntersuchung an. Durch die Unterlagen der BfA hatte ich immer noch keine Bestätigung der zuständigen BG erhalten. Ich hatte sie zurückgeschickt, wartete aber immer noch auf die offizielle Benachrichtigung.

Wie werden sich meine Leukos jetzt verhalten?

Das neue Blutbild ergab, die Leukos haben die Anspannung gemerkt, und sich heimlich, still und leise nicht an die Anweisungen meiner "Roten-Lifeguard" gehalten. Dachten sie vielleicht, sie können sich heimlich, still und leise durch die Firewall schleichen?

Als ich das Ergebnis, nämlich 22.100 sah, verstärkte ich wieder die Befehle an meine "Rote-Lifeguard" und forderte sie auf, diese überheblichen Leukos sofort zur Vernunft zu bringen.

Ich war mir 100%ig sicher, sie werden sich meinem Befehl nicht widersetzen.

Noch war ich innerlich aufgeregt, zeigte es aber nicht so. Ich hatte zwar die Bestätigung in den Unterlagen der BfA gesehen, doch die offizielle Nachricht kam dann einige Tage später. Dieses Mal wirklich von der BG. Jetzt war`s amtlich.

Die BG bestätigte, dass sie meine Berufskrankheit nach § 1318 anerkannt
hat.

Heute, im Januar 2020, sind meine Leukos immer noch unter 20.000.

Mir geht es richtig gut und ich freu mich
auf den nächsten Urlaub in Kroatien. Es
hat sich also doch gelohnt mit meinen
Leukos zu reden.